Mandalas de bolso

7.

V&R EDITORAS

Título original: *Mandalas de bolsillo 5*
Tradução: Fabrício Valério
Revisão: Jussara Lopes
Capa e programação visual: Txell Peiró

www.vreditoras.com.br

Rua Coronel Lisboa, 989 – Vila Mariana – CEP 04020-041 – São Paulo – SP
Tel./Fax: (55 11) 4612-2866 • e-mail: editoras@vreditoras.com.br

ISBN 978-85-7683-265-2

1ª edição, 2010 | 1ª reimpressão, 2015

Impressão e acabamento: Type Brasil
Impresso no Brasil • Printed in Brazil

Dados Internacionais de Catalogação na Publicação (CIP)
(Câmara Brasileira do Livro, SP, Brasil)

Falcón, Glòria
Mandalas de bolso 7 / Glòria Falcón; [tradução Fabrício Valério]. -- Cotia, SP: Vergara & Riba Editoras, 2011.

Título original: Mandalas de bolsillo 5.
ISBN 978-85-7683-265-2

1. Desenhos - Aspectos religiosos 2. Mandala I. Título.

10-13079 CDD-291.37

Índices para catálogo sistemático:
1. Mandalas: Desenhos sagrados: Religião comparada 291.37

Contém 38 mandalas, tamanho bolso,
da ilustradora Glòria Falcón.

A mandala é a FORMA mesma da VIDA, do crescimento a partir de um ponto nutritivo que proporciona energia ao conjunto. É a imagem do constante ir e vir entre o interior e o exterior, do movimento vital de todo ser, que oscila entre a expansão e a volta ao centro para encontrar nele a fonte. É a força centrífuga, que estimula a criança a explorar seu próprio "eu", e a força centrípeta, que devolve ao adulto a introspecção.

Conselhos e sugestões

A experiência nos mostra que certas regras devem ser respeitadas:

✿ É uma atividade livre, nunca deve ser imposta.

✿ Trabalhar à luz do dia ou com boa iluminação.

✿ Nunca começar outra mandala antes de terminar a anterior.

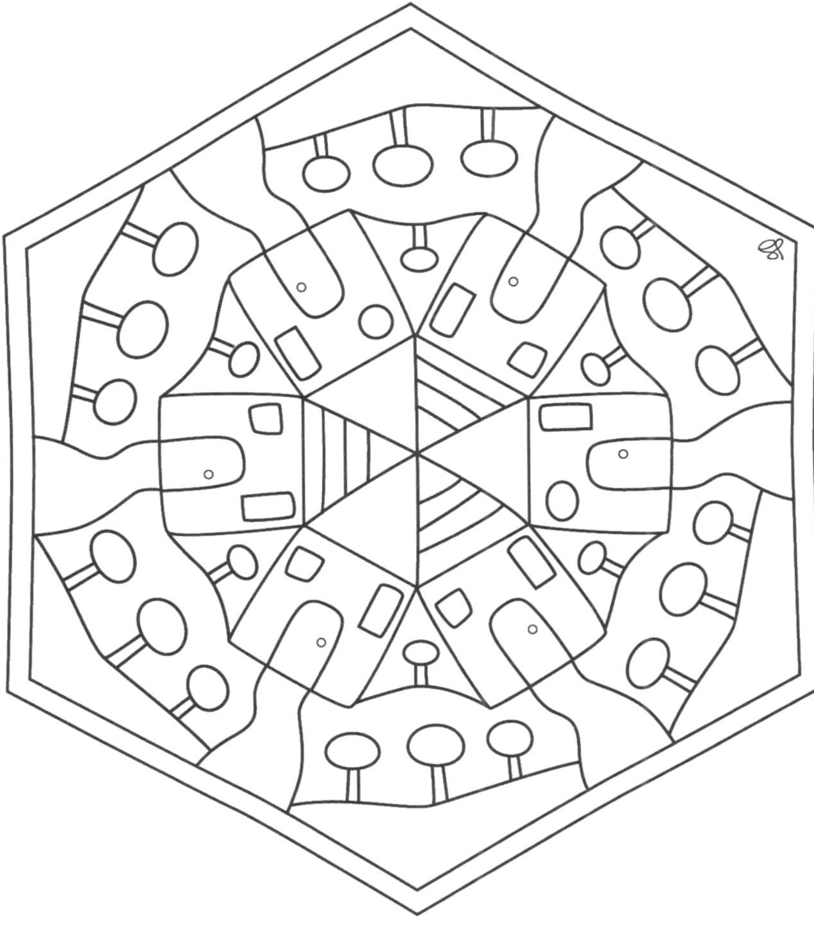

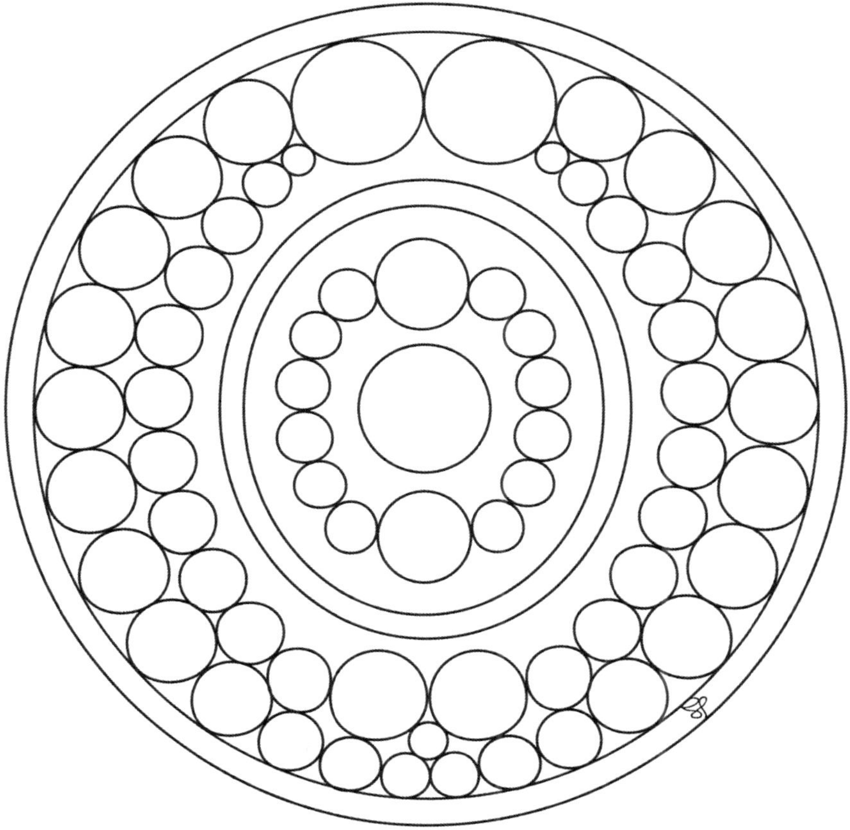

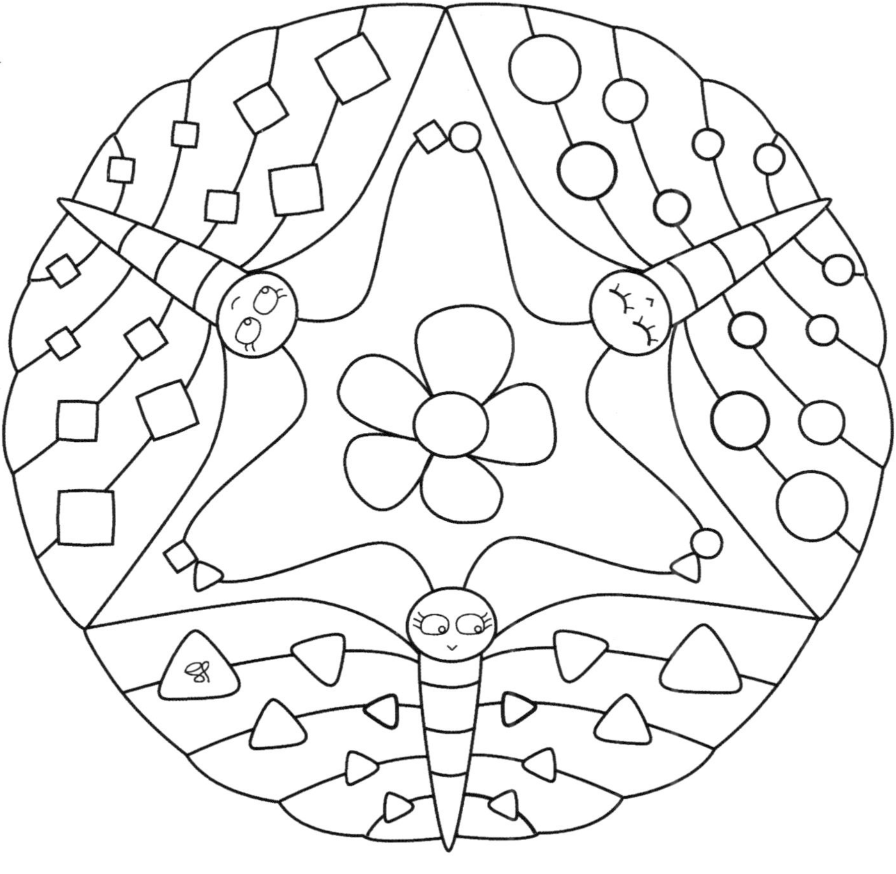

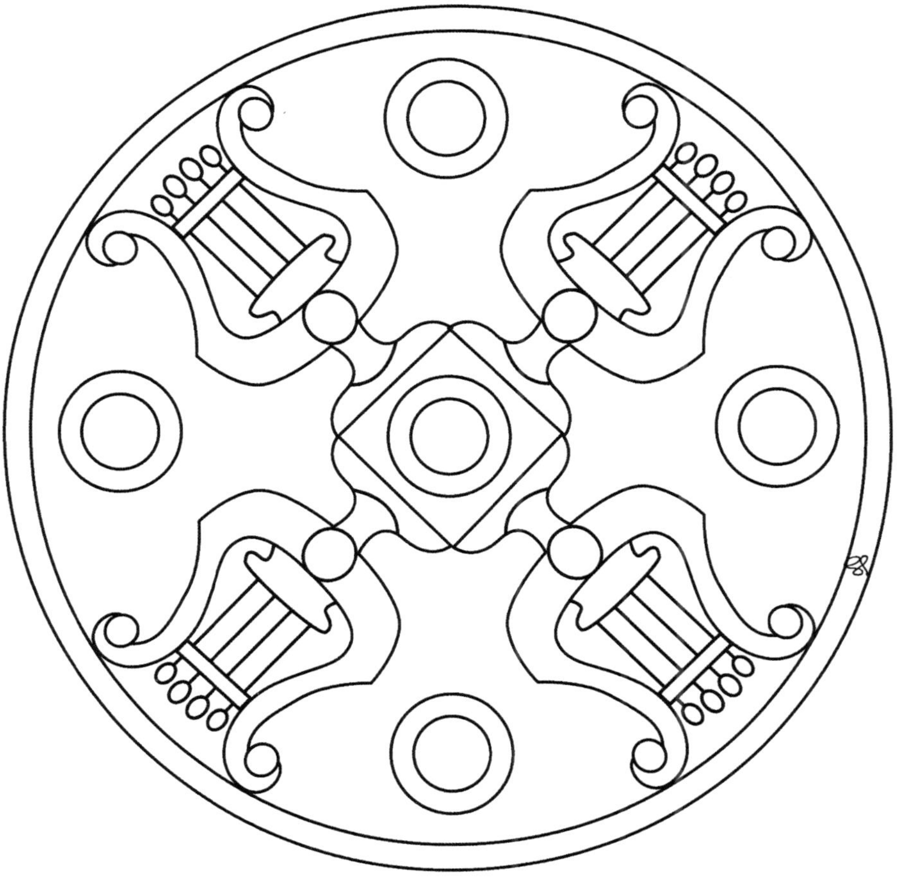

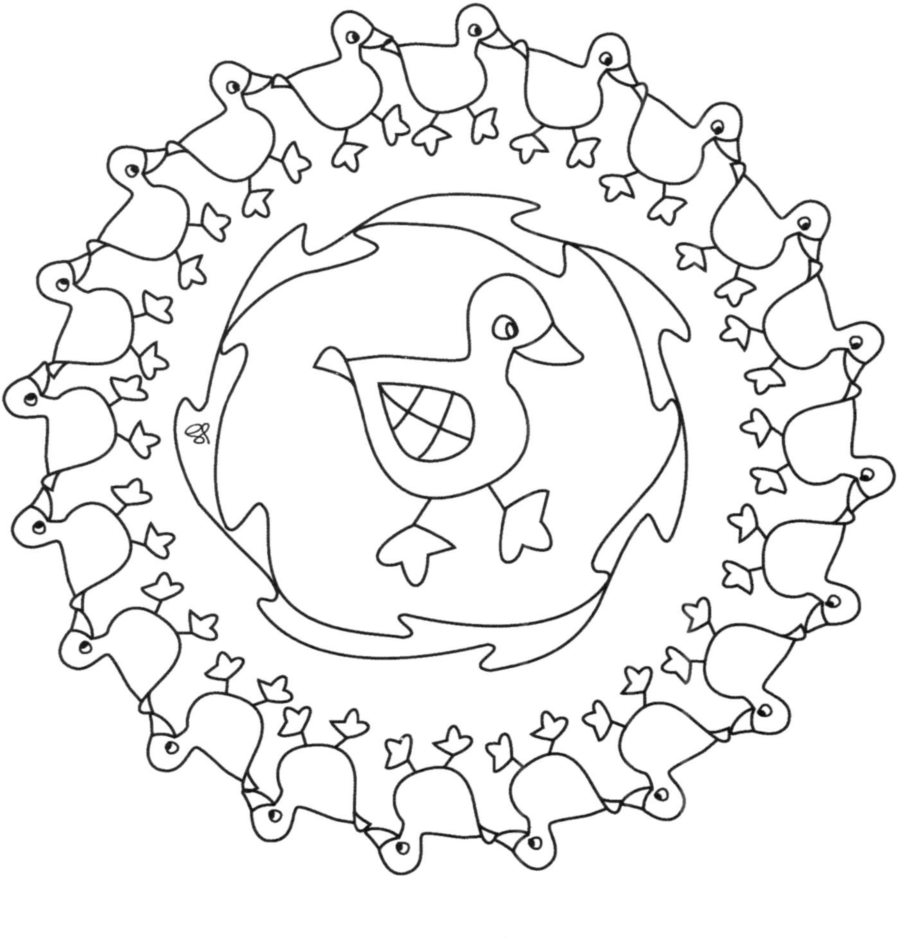